AF284688

Buch Cover Frank Rolf Josef Pöhlmann

1

13. Buch eines Erdenengels

„TOD & NEU-BEGINN eines Erdenengels"

2018 in der MeisterZahl 11

Der Meisterschaft mit DIR in Dir – deinem Herz & Seele

Alles hat einen Anfang …
und auch ein Ende aus Alten
er-wächst NEUES!

11 ~ MeisterSchaft

*Lass es geschehen, damit
DU in der SEELE gut
wachsen kannst.*

*13 : 03 Abschied und
NeuBeginn im
WachsTum*

*„Wenn die Seele liebt,
gibt es kein zurück mehr"*

Neues Spiel ~ Neues Glück für dich & Alle daran Beteiligten!!

4

Es bleibt spannend und was zusammengehört wächst zusammen; Schicksalshaft!!

0 - Schwung und Leichtigkeit bringen Alles gut in Bewegung / Verstärkung!

EINZ - Ich liebe mICH & Ich liebe dICH

#1

Ich bin

Ich bin die Nummer EINZ

2 - Zusammen **Einz** werden - ZweiSamKeit er-leben

3 - wachsen und gedeihen, vor allem im Herzen & SeelenRuf!

4 - Stabilität erreichen, Königin und König spiegeln sich im Volke wieder

5 - Hoch-Zeit , Entwicklung findet auf Allen Ebenen statt - hat stattgefunden, der wahren Berufung folgen.

6 - JA zum … Liebenden - Ich strebe nach der **VollEndung**

7 - Spirituelles Wachstum - Öffnung - Ver-TRAUEN & MUT - Wahrhaftigkeit leben!!

8 - Materie - Basis - **GrundBedürfnisse** leben - Stabilität durch WERTIGKEIT

9 - Innere Licht leuchten die Schatten aus - inneres Wachstum und großes Wissen manifestieren sich

10 - Alles ist im ständigen Wandel - Kreislauf - **Schwingung** - Energie - Fluss

Ich bin mit mir Einz geworden im Spiegel meiner Selbst erkenne ich mich wohl und lebe Alles in Maßen

10 - Schicksalshaft, das Rad dreht sich und Alles ist im ständigen Wandel

11 - Meisterschaft - mit Dir - deinem Gegenüber - der Welt

12 - Perspektivenwechsel - eine neue Sichtweise tut gut

13 : 00

Der Tod in der 13 ist unausweichlich und eröffnet dir als SEELE viel Neues an Erfahrungen - Neues Leben!

BeENDE-ung & NEU-ANFANG!!

Neues an ErfahrungsSchatz & WeisheitserWeiterung

14 - GleichKlang erwacht; es fließt in der Balance!

15 - ErLösung - Ketten lösen er-lösen sich aus der Blockade heraus

16 - AufLösung - Alte Krusten sprengen sich auf - weichen auf und heilen

17 - Folge **deinem STERN** und beginne in den Himmel zu blicken - Weite!

18 - GefühlsWelten werden neu definiert im Mond Fluss

19 - Innenschau - Schatten werden beleuchtet - Die **Sonne scheint nun im Außen**

20 - Gericht - Gerechtigkeit - es richtet sich gut aus für Alle Beteiligten

21 - Die Welt dreht sich wohl mit dir in dir und im miteinander rund werden

22 - Vom Ich zum DU ins WIR - SeelenVerschmelzung findet statt;

göttlich gewollt in der 11 / 2018
in der 11

11. Buch - Soul to Soul

"Seelen ~ Dialoge eines Erdenengels"

Dir einen wunder-vollen Tag
voller Wunder!

Deine dich liebende Claire

*

Der Weg ist das Ziel! – Konfuzius*

Praxis für Psychotherapie

Clarissa M. Seite

Heilpraktikerin für Psychotherapie[HeilprG] Suchtberaterin Mediale Psychologische Lebensberatung / Kartenlegungen

TAROT / KIPPERKARTEN / ENGEL / KRAFTTIERE REIKI – Meisterin / Lehrerin

SCHREIBMEDIUM & SPRECHMEDIUM

Ver-PFLICHT-ungen ... ganz klar!!

Nur, deine Zeit ist in der Ver-Änderung angelangt und erfordert neue Ziele - Wachstum der Seele - Neue Weg, die du als SEELE gehen musst um weiter zu wachsen ...

Ent-Wicklung eben!!

Bist du falsch ge-wickelt - musst du dich neu-ent-wickeln!!

So ist das im Kreislauf deines Lebens ..

"LEBENS-KREIS-LAUF"

JETZT ist die ZEIT gekommen in 2018 in der MeisterZahl

11 / 22

Prioritäten neu kreieren zu dürfen!

Die göttliche universelle Welt ~ Himmel auf Erden wünscht dir immer nur das Beste und das Beste für Alle Beteiligten und dazu gehört, dass es dir im SEIN

WOHL ~ erGEHT!

Deine Wünsche & Bedürfnisse dürfen nicht zu kurz kommen!

Du bist keine Maschine die nur den *Ver-PFLICHT-ungen* nachkommen muss aufgrund der

Erziehung - Dogmen -
Vorstellungen anderer / Eltern -
Geschwister - Verwandten!!

NEIN!!

Es ist dein ***wunder-volles
LEBEN*** durch den göttlichen
Funken geschenkt aus purer Liebe
& dem göttlichen Licht ins Leben
geboren …

Du bist ein Kind Gottes

Dein Bestes für DICH voller
Liebe - Licht -
WunschErfüllungen auf ganzer
Linie …

Was wünscht DU dir …

Nach was sehnst DU dich …

Erlaube es dir mit dem göttlichen
Segen für DICH auf ALL deinen
WEGEN!!

Die Engel und Alle göttlichen
Seelen wünschen dir nun einen
....

wundervollen **WEG** voller
WUNDER

freuen sich über deinen Mut &
TatKraft im SchöpferDASEIN

Love & Light & Joy

Deine dich liebende Claire

*

15

11 : 11

Entfaltung im Seelen ~Dialog als 11 in der höchsten Anbindung in 2018 von Seele ♥

Seele in der MeisterZahl werden sich die Energien total neu ordnen auf einer neuen Ebene des Bewusst-Sein von männlich ~ weiblich & weiblich ~ männlich im

"EINZ SEIN" ♥

"11"

11 Öffne nun das Tor zu deinem Herzen ♥ 11

Heilung geschieht Jetzt♥

"SeelenDialog"

12 : 22 Alles nimmt einen guten Ausgang für Dich & Alle

Beteiligten♥

Jetzt 🩶

Heute am 12 Tag löst sich das Starre ~
Sehen durch

PerspektivenWechsel

ParadigmenWechsel

12♥ auf!

Über den *"TellerRand"* sehen bewirkt Wunder ... 🩶

13:13 Das Ende wird deutlich gefühlt & bewusst wahrgenommen; einverleibt♥

Achte auf den Ruf deiner Seele, denn dein Herz vernimmt den Ruf und wünscht sich Liebe & Licht ...

AllZeit 🩶

Sie du deine Balance!!

HERZ ~ SEELE

Bewusstes *SEIN* im

JETZT !!

*

*Sei dir einer Herkunft bewusst,
du bist ein SternenKind Gottes
aus dem Wasser in der Erde nun
verbunden!*

Du bist Licht & Liebe♥

Weisheit & Hingabe
begleiten dich *AllZeit!*

**Lass den Wal in deiner Rück-
Verbindung nun gerade heute
bewusst wirken!**

Zelebriere dein Sein im All-
Einz-Sein!

Atme tief und lausche deinen
ursprünglichen *SeelenTöne* voller
höchster Schwingung!

Transformiere dich heute in
den reinen Ursprung, der Quelle
Allem Seins …

Eins in der Einz sein
Lieben voller reinem Licht in der
Sechs.
Transformation durch dein
göttliches reines **BewusstSeins**

Löse dich nun aus all deinen
Begrenzungen auf!!!

NEU-ANFANG von Raum & Zeit

TAGES-BOTSCHAFT

Die heutige Begegnung mit dem
Wal als dein begleitendes
KraftTier am heutigen dritten
Tag!

nun geht es in die Ur-
Rückverbindung am 03.02.2018
in der 16 dem Turm im Tarot!

Das Vergangene ist vergangen!

Es hat sich aufgelöst und wir dürfen uns wieder mit unserem ursprünglichen Sein verbinden!

So wie wir von Anfang an waren, als wir einst in der **Neu-"Geburt"** auf Erden kamen, so sind wir wunderschön!!

Erinnern wir UNS an uns, unserem ursprünglichem **WESEN ~ SEELE**, dass wir sind **Voller Liebe** ~ Licht ~ Freude ~ Wissbegierde ~ Erfahrungen sammeln ~ Neues Er-LEBEN dürfen

JETZT haben wir die neue Chance in 2018 in der 11 unserer **Meister-Schaft** mit **UNS** so zu gestalten, dass wir als das was wir schon immer waren, wieder werden …

"Göttlich"

… als Seelen im SeelenVerbund unserer ursprünglichen *SchöpferKraft* hinaus voller Mut - Wille sich in die totale **Ent~Faltung** zu bringen!

DU bist wunderbar und ein großartiges WESEN!

Verbinde dich nun mit all deinem Wissen im der *Ur-Sprünglichen göttlichen SchöpferKraft deines wahren Seins du geliebte Seele.*

Lausche den Walen, sie haben dir so viel zu erzählen.
Lausche deinem Herz, die Seele spricht zu DIR.

1 ~ Eins sein mit Dir in der 11

*

ALLEINZSEIN♥

11 in der 2

Worte in der Form von geschriebenen Zeilen können Brücken bauen und tiefe Gräben überwinden!

Lass dein Herz nun fliegen!

... sende es auf Reisen zu deinen ♥ LieblingsMenschen♥

Wünsch dir was ... "Mein höheres Selbst bringt mir Alles, was ich zur idealen Zeit auf perfekte Weise in meiner „SchöpferKraft" kreiere & mit offenen Armen liebevoll empfange"

♥

11 ~ 11

„MeisterSchaft" mit
dem Ich zum Du ins
WIR♥

"Ver-Gebung be-FREIt
die SEELE"; hier
beginnt die Furcht
sich als Waffe gegen
die Angst aufzulösen ..
Nelson Mandela♥

29

*2018 in der
Meisterzahl 11

2018

11 22

Spiegelung Kommunikation Miteinander gerade auch neue "ZIELE" forcieren 🖤

Wir wollen ein ZusammenSein ~ zusammen leben als soziale Wesen und der AlleinGang löst

sich hinter UNS auf
...

AllEinSein 🩶

Zwei dich sich lieben & zusammen sein wollen!

Das ist heute - gerade heute das Tagesmotte am achtem Tag in der medialen Kraft - oben & unten - spiritueller

Kreislauf - göttlich gewollt ...

"Karma als sogenanntes Schicksal von Ursache & Wirkung"

= Resonanz in der / die ZWEI, die nun sich liebevoll verbinden um

"EINZ"

zu sein!!

Liebe ist immer "Göttlich" gewünscht & gewollt!

Love & Light, deine dich liebende Claire

🖤

Impressum

Personendaten

Vorname Clarissa M.

Nachname Seite

Firmennamen Praxis für Psychotherapie - mediale psychologische Lebensberatung

35

Geburtstag 19. August 1969

Sternzeichen Löwe

Geschlecht Weiblich

Familienstand in love

Kontaktdaten

Clarissa.lichtweg@gmx.de

PLZ 00000

Ort Himmel & Erde zugleich

Land Welt

Webseite http://www.theralupa.de /
www.heil-verzeichnis.de

Persönliches

Über mich:

Clarissa M. Seite

Praxis für Psychotherapie nach dem HPG

Mediale psychologische Lebens-Beratung

Psychologische Beratung und Kartenlegungen auf Wunsch am Telefon oder per Mail / Facebook PN

Erstkontakt: 01525 - 654 99 30

www.theralupa.de

www.heil-verzeichnis.de

**BLOG:
CLARISSASEITE.TUMBLR.COM**

SUCHT-Beraterin (auf der Suche zum Ich)

& REIKI- Meisterin / Lehrerin

Mädchenname: Zickler

Geboren am: 19.08.1969 / Bad Neustadt a. d. Saale

Schulbildung:

Qualifizierenden Hauptschulabschluss – High - School in Louisiana - Realschulabschluss - Universität Tech in Louisiana / Ein Semester in Mathe - Geschichte und Englisch / Art & Sience

Lehrberufe:

Verkäuferin - Einzelhandelskauffrau - Versicherungsfachfrau - Heilpraktikerin für Psychotherapie - Suchtberaterin - Reikimeisterin / Lehrerin

Aufgewachsen in Speichersdorf bei Bayreuth bis zum 18 Lebensjahr

Nach Heirat in die U.S.A / Louisiana bis zum 21 Lebensjahr

Zurück nach Deutschland / Bayreuth für ein Jahr - München vier Jahre –

Bayreuth 16 Jahre - und schließlich wieder nach München / Wolfratshausen bis zum heutigen Tag.

Mein spiritueller Weg

... hat mit den Engel begonnen, die ich schon seit meiner Kindheit sehr bewundert habe und meine Oma mütterlicher Seite hat immer sehr viel zu den Engel gebetet, dass fand ich für mich sehr prägend.

Die Engel, meine tiefe Freundschaft - Verbundenheit und Liebe!

Die Engelsbilder von meiner Oma und meinem Opa hängen heute nun neben vielen anderen Engeln im Wohnzimmer und meiner Wohnung verteilt.

Als ich mir 1992 mein erstes Kartenset / Tarot von Miki Krefting aus München kaufte ging es mit vielen Stunden - Nächten um die Ohren schlagen und Beratungen für Freunde los in Richtung Spiritueller - Medialer und guter Intuition ans Eingemachte!

Mehr und mehr interessierte ich mich für diese umfangreichen Themen wie den Glauben an Gott den Engeln - Glaubensrichtungen der Welt -

Interpretationen des Tarots in verschiedenen Auslegungen und Ausführungen von White Raider zu Crowley, der Nummerologie (Dan Millman) der Traumdeutung (C. Jung) Kastl – Kant – Frankl – Freud und vieles mehr dazu.

Kartensets wie Selbstheilung von Chuck Spezzano - Göttinenzyklus - Engel von Diana Cooper - Doreen Virtue - & und dem tollen Kartenset von Pia Schneider und Ruth Kendell – **Krafttiere** von Jeanne Ruland & Murat Karacay – **Maria Magdalena** von Jeanne Ruland & Marion Hellwig - **Spirituelles Geldbewusstsein** von Thorsten Weiss und und und runden mein Profil ab.

Kinesiologie und TCM-Medizin - Kräuterkunde - Homöopathie und die universelle Energie; erst durch die drei Reikigrade und dem Lehrer wurden diese intensiv in meinem Leben seit der Geburt meines Sohnes Frank 1997 integriert und schließlich auch privat an mir und meiner Familie - Freundeskreis und interessierten Menschen praktiziert!

2008 kam dann, nach Jahrzehnten an "üben und lernen" im Spirituellen Bereich der Beginn mit der Ausbildung zum Heilpraktikerin zur Psychotherapeutin - Gesprächstherapie nach Rogers - Psychoanalyse nach Freud) und last but least

2009 die Ausbildung zur Suchtberaterin,

2010 die Gründung der Praxis für Privatklienten und psychologische - mediale Lebensberatung am Telefon!

2014 schrieb ich mein erstes Skript "Wie werde ich ein Erdenengel"

2015Blog:
ClarissaSeite.Tumblr.Com

2015 - 2018 Buch & ebook:

„Wie werde ich ein Erdenengel

„Ein Erdenengel und seine Geschichten"

„Botschaften eines Erdenengels"

„Herzensweisheiten eines Erdenengels"

„Seelenweisheiten eines Erdenengels"

„Seelenbalsam eines Erdenengels"

„Himmlische Werke eines Erdenengels"

„All-Eins-Sein eines Erdenengels"

„All-Zwei-Sein eines Erdenengels"

„All-Drei-Sein eines Erdenengels"

„Seelen – Dialoge eines Erdenengels"

„Seelen – Entfaltung eines Erdenengels"

Seit 25 Jahren; seit Beginn meines ersten Kartendecks im Tarot kamen viele andere Kartendecks dazu und durch das tägliche ausüben und studieren von Fachliteratur in unterschiedlichen Bereichen hinsichtlich meiner medialen Fähigkeiten wird es immer mehr und das „Tun" immer intensiver und klarer in der Ausübung!

*

<u>Vereinszugehörigkeit wie:</u>

Dachverband Geistiges Heilen

(DGH)

Verband freier Psychotherapeuten, Heilpraktiker für Psychotherapie und Psychologischer Berater e.V.

(VFP)

43

Üben – Üben – Üben

Lernen – Lernen – Lernen

Sein – Werden – Sein

Mein Leitmotiv ist:

Lehrer und Schüler zugleich ;-)

Immer und immer wieder ...

auf dem Weg der sog. Meisterschaft 11 (TOD) um wieder und Neu Wiedergeboren zu werden 22

(Phönix aus der Asche)

Anbieter-Impressum

Umsatzsteuer-ID-Nr 82 096 358 479

Handelsregister-Nr. / Steuer-Nr. / ggfls. Geschäftsführer

Praxis - Clarissa Mathilda Seite - Heilpraktikerin   für Psychotherapie[HPG] - WOR

Steuernummer – Finanzamt Wolfratshausen – 169/258/90344 – **IdNr. 82 096 358 479**

Bankverbindung – Sparda Bank Nürnberg – BLZ 760 90 500 – Kontonummer 442 50 59

[Gemäß § 4 Nr. 14 Buchst. a UStG sind Heilbehandlungen im Bereich der Humanmedizin umsatzsteuerfrei. Dazu zählen auch die Leistungen der Heilpraktiker].

Ich wünsche Dir - Dir und Dir

Lieber Leser, eine wohltuende Öffnung zu Dir und zu deiner liebevollen Natur als

„Erden-Engel"

In diesen schnelllebigen Zeiten der Jagd nach Anerkennung – Profit und Erfolgsstreben kann dies eine neue Qualität an Erleben und einer eventuellen Konzentrierung aufs Wesentliche und zukünftiger „EntSchleunigung" bewirken!

Ein Dankeschön an:

Meine Eltern; einzigartig in Ihrer Art

Meine Geschwister, die mich in meinem Dasein begleitet und geformt haben

I Love You All!

Meinen Sohn Frank, der mir oft den Spiegel vor Augen hält! ;-) Buchcover 1 – 7 + 12 von Sohn Frank fotografiert.

Dieses Büchlein dient als ein kleiner Wegbegleiter „täglicher Inspiration" und als Möglichkeit einer neuen Sichtweise in der Lebensführung.

Es ersetzt weder den Rat durch einen Arzt deiner Wahl, noch dient es als Ersatz für medizinische Behandlungen von physischen und psychischen Erkrankungen aller Art!

Werdende Mutter (schwanger) ist oder sich krank fühlt oder krank ist, konsultieren Sie <u>immer zuerst einen Arzt Ihrer Wahl!</u>

Und denk bitte dran …

47

Du – Du und Du – SIE –Er – Es

trägst die Verantwortung für

Dich und dein Leben!

Haftungsausschluss:

Autor & Verlag

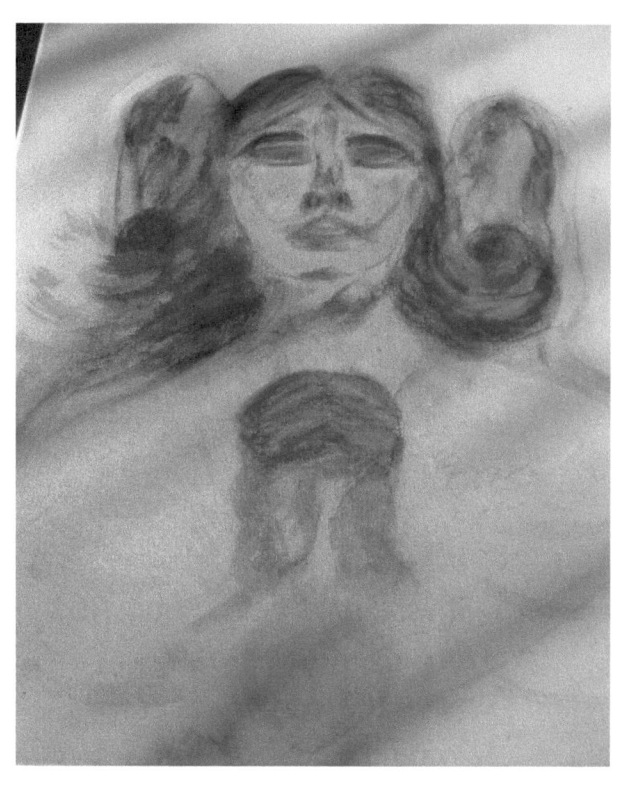

"Sei Du das Licht"

Gerade erlebst du eine Zeit,
in der Du Veränderung in
Dir und auch im Außen

spürst und auch ersichtlich wahrnimmst!

Das ist gut so, denn nur so kann Veränderung überhaupt statt finden ...

Es wird dir oft bewusst, dass du dich schon lange, wenn nicht schon sehr lange "klein" gemacht hast ...

Deine Unterwürfigkeit - Co-Abhängigkeiten ob im Selbst-Wert und auch im Materiellen haben dich an diesem Punkt kommen lassen.

Ängste, nicht gut genug zu sein trieben dich lange an, um gemocht - gut und gar geliebt zu werden!

Zumindest dachtest du so ...
es hat auch irgendwie den
Anschein gehabt und auch
irgendwie geklappt, so
dachtest du zumindest gell ...

Und, und jetzt, jetzt geht dir
ein Licht auf und die
göttliche Anbindung lässt
deine Seele durch dein Herz
sprechen, du vernimmst
wieder Regungen -
Erregungen deiner Gefühle
- deiner Herzenswünsche
und möchtest endlich wieder
DU SELBST sein!!

Du leuchtest immer mehr an
"Schatten - Dasein" aus und
wenn du ganz ehrlich und
klar zu dir bist, fragst Du
dich so langsam, warum du

51

das hast soweit überhaupt so weit hast kommen lassen.

"Was bin ich mir Wert"

Wo geht es jetzt hin mit deinen Wünschen ...

Raus aus dem alten Trott an Gewohnheiten, an Abhängigkeiten - Gefälligkeiten ... Einsamkeiten!

"Ich bin es Wert geliebt zu werden"

Ich werde „WertGeschätzt" so wie ich bin und ich bin ein liebenswertes Wesen / Mensch ♥ SEELE ♥

Fang an dein besonderes göttliches Licht nach Außen zu bringen - strahle wie die Sonne und werde Kreativ - bringe dein Potential zum strahlen!

Wertschätze dich von Tag zu Tag mehr und bringe deine Emotionen zum er-klingen♥

Wörter und Ausdruck, egal in welcher Form werden dir helfen immer mehr zu deinem DU zurück zu gelangen!

Ich fange jetzt damit an, meine Wünsche - Bedürfnisse und Gefühle zum Ausdruck zu bringen.

Ich bin immer in Sicherheit und werde göttlich in meinem Tun unterstützt - begleitet und beschützt.

Gott sorgt für mich♥

Ist immer an meiner Seite und trägt mich in schweren Zeiten!

Traue & Glaube ♥

Du bist immer in Sicherheit und wirst mehr geliebt, als es dir (noch momentan) bewusst ist ...

- 11 – 22
- Sei DU dein Glück
- Glücks-Gefühle
- Priorität „Neu" kreiert
- 11 - 11
- 11 Tag - NeuGeburt
- 1 1 – 2 2
- 22 in 2018 / 11
- 111 – 222
- Alles ist Einz
- Das Auge Gottes
- ANKH
- Du bist dein Stern
- Du bist die Essenz
- Deine LebensZeit
- Tagesbotschaft

- Liebe ist immer göttlich gewollt
- EINZ
- 13
- 12 : 12
- Alles im Fluss
- 14
- Endlich die wahre Liebe ... finden – begegnen

„Ich liebe dICH

&

Ich liebe mICH"

**Deine Dich
liebende Claire**

♥

Heute am 11. Tag in 2018 in der 11 gehen wir in die

"NEU~GEBURT"

Wir schöpfen aus UNS selbst, aus unserem inneren Kind, dass uns die Antwort gibt & "er-Leben" die Geborgenheit von Licht & Liebe in UNS 🖤

Mögliche Affirmation:
Ich achte auf meine Bedürfnisse & schenke & er-Fülle sie mir jeden Tag auf's NEUE ~ NEU-

GEBURT!

*

💜 *"Gute Botschaften durch Engel der Meere"!*

"Geborgenheit"

Wie fühlst Du dich gerade
Mit wem fühlst du dich geborgen
…

Die Engel der Meere spüren, dass du die große Sehnsucht nach Geborgenheit fühlst und dich danach sehnst!

Dein inneres Kind wünscht sich Wärme - Liebe - Geborgenheit!

Fühle in Dich hinein und schaffe einen Raum, wo du dich Geborgen fühlen kannst.

Gedanklich
Körperlich
Menschlich

Im Herzen Geborgen fühlen♥

Tiefe Traurigkeit steigt nun in dir hoch, da du spürst, was dir wirklich fehlt!?

Du wünscht dir die Liebe in deinem Herzen zurück und

wünscht, dich einfach fallen
lassen zu können …

In Ruhe
In Frieden
In Geborgenheit

Erschaffe dir diese
Möglichkeiten durch klares
Denken & Handeln.

Entscheide Dich *für* deine
Geborgenheit und schaffe dir
deinen inneren Raum für viel
Zärtlichkeiten - Liebevolles Tun

Lass es - er-LÖSE, dass es dich
nicht mehr in dir zerreißt - heilt!!!

Geborgenheit mit schönen
Gesprächen, gemütlichen
Austausch im miteinander.

Reden

Lieben

Kuscheln

Brotzeiten

Spazierengehen

Kaffee oder Tee trinken

Ein Buch lesen und sich darüber austauschen

Gemütlich einen Film zusammen anschauen

Gemeinsame Interessen pflegen und Kunst & Musik genießen

Gemeinsamer Austausch von Glauben & Spiritualität leben!!

Was fällt dir sonst noch ein, um dich in dir - mit dir und deinen Lieben wohl zu fühlen.

Auch kann ein Rückzug Klarheit für **Bedürfnisse** und **Geborgenheitswünsche** klären und **Wunder bewirken** durch

Kontemplation♥

Gehe in die Natur - in den Wald und wandere umher um dich wieder zu finden♥

Ur-Wurzeln möchten neu bewusst geknüpft werden, indem DU deine Eltern als das siehst, was sie für Dich sind …

Schöpfer - Kreiere deine Liebe zum Göttlichen, nur so entstand die …

"GEBURT"

von einen **GeSchöpf**, göttlichem
Funke, Mensch geworden voller

"Licht & Liebe"

Ehre dich und deine Eltern für
das was sie dir an Funken
geschenkt haben an:

Potential

Wissen

Gen

Liebe & Licht.

Spiele mit Dir wie die Delfine,
um deine Freude & Spaß im
Leben bei Dir einkehren zu
lassen!

64

Gehe in deine "Freiheit" und tue dir Gutes♥

Nach was begehrt und verzehrt es dich in diesem Moment?

Kommunikation
Austausch von Gefühlen
Nachrichten versenden
Liebesbrief schreiben
Dich für deine
Gefühlswelten durch
Schreiben & Sprechen
öffnen!

Wie kannst du deinen RAUM der GEBORGENHEIT erschaffen und pflegen!

Du bist es Wert geliebt zu werden!!

Du bist ein liebevolles & liebenswertes Wesen / Seele!!

"Ich liebe dICH & Ich liebe mICH"

Einen wundervolle NEU~Geburt wünsche ich dir; plege Dich - deine Liebe zu Dir und anderen in Sinne von

"Freundschaft

& Partnerschaft"

zu dir im Sein und im Gegenüber im Spiegel deiner Selbst!!!

Finde dich durch den Gesang der Delfine in deiner Ur-Kraft wieder!

"Die Engel der Meere"

wünschen sich, dass DU dein Ur-Vertrauen & deine Ur-Kraft lebst und diese wenn möglich auch so in deinem Umfeld an Licht & Liebe weiter vermittelst!

Es ist so wichtig diese Grundbasis zu leben um dadurch die Geborgenheit in sich mit seinem

"inneren Kind"

Im Kontakt - in der Kommunikation zu sein & zu leben!

Pflege dich - deine Wurzeln und schöpfe aus deinem unendlichen Potential an Kraft und Willen

Im Wechsel von Vater - Mutter & Kind sein / Trinität …

Sei dir bewusst, dass Alles im Allen in dir lebt und DU großzügig voller Liebe & Licht daraus schöpfen darfst …

"Männlich - Weiblich ~ Weiblich - Männlich"

Dein inneres Kind möchte von Dir geliebt werden!

Dein Vater und Mutter mit Bestem Wissen und Gewissen gelebt werden!

Du als Individuum im

„*AllEINSEIN*"!

Sie Du ein Lichtbringer wie der Delfine und schenke deinen Mitmenschen all die

Freude
Lachen
Spielen

all das Glück, dass wir bereits in Uns tragen und nur darauf wartet von uns gelebt zu werden.

Sei DU der Lichtbringer der Welt, der all den Frieden bringt!!

Bless you all!!

*

Soul to Soul

Clarissa M. Seite

Seelen~Dialoge eines Erdenengels

11. Buch eines Erdenengels ~ Soul to Soul

Clarissa M. Seite

Seelen~Entfaltung eines Erdenengels

12. Buch eines Erdenengels in der ~ 11~22

11-22

In der MeisterZahl mit sich in die Meisterschaft

Bewegen!

„ALL-EIN-SEIN"

Meine lieben Seelen,

heute in der Tagesbotschaft in der 25.03.2018 / in der 21 der Welt auch im Tarot geht es um das Miteinader wachsen & zusammen zu gedeihen!

PalmSonntag - Jesus Christus ist für UNS aufgestiegen in das Reich der Toden, um dann wieder in der NEU-Geburt den NEU-Beginn eine neuen Zeit ~ Ära einzuläuten.

Ver-Rückte WELT in die demokratische Bahn lenken ?Großmacht Kapitalismus in liberalisierte

GlaubensVeränderung der Menschheit 2018 / 11

What is real?

"Nur wer sich dreht, bleibt in der dynamischen Bewegung in der bewegten Zeit und findet auch so die *Balance"Raus aus Starre!!*Wer wagt gewinnt!

"REIN ins NEUE ...ICH bin FREI

Heute am 25 Tag können wir dadurch eine   "Hoch-Zeit! einläuten und im miteinander fruchtbares entstehen lassenZwei ~ MiteinanderFünf ~Hoch-ZEIT

25 im miteinander in die HochZeit gehen!

21 Zusammen Einz Sein!

23.03.2018 in der Sonne der 19, dürfen wir in der InnenSchau unser wahres Potential erkunden und zum leuchten bringen. Lebe Du dein Licht in der Welt und führe zusammen, was zusammen gehört!

ZWEI

Jede einzelne Seele hat einen kurzen Reisestopp hier auf Erden eingelegt, um das irdische DaSein zu kosten."TOD & NeuGEBURT"Dabei geht es um die "NächstenLiebe" im miteinader …

Um die Vielfalt in der Einheit!

!männlich-weiblich ~ weiblich-männlich

ZWEI!!

VerSchmelzung auf höchster Ebene ~ Liebe!

EINZ "Einheit durch Vielfalt" er-LEBEN ~ Zusammen EinzSein!!

EINZ

Wir Alle hier auf Mutter Erde **sind im wahrsten Sinne Brüder & Schwestern, miteinander verwoben im Netz des Kosmos.**

Wir Alle sind hier um uns auf das höchste Aufzuschwingen in der Liebe & dem Licht als Stern der neuen Ära. Es werde Licht!

ParadigmenWechsel –
Transformation

Zwei im Miteinander
EinzWerdung durch Liebe

Wir als die …..

"SternenKinder Gottes"

Du erschaffst dir die *WELT*, so
wie sie DIR gefällt …

***Drehe dich* um dich herum und sehe eine neue Richtung, die sich dir nun aufzeigt...**

Göttlicher Wille geschieht durch DICH im PerspektivenWechsel der Zeit …

SommerAnfang heute!!

• *PalmSonntag …* "Einzug Jesus in Jerusalem"

(Ende der FastenZeit - Beginn der Karwoch)
Leben & Tod miteinander verbunden in der Zwei
…Balance!!

Zweige segnen, die den Einzug Jesus symbolisieren …

Einzug der Veränderung durch Transformation!!!

<u>Trilogie:</u>

All-Eins-Sein

~ All-Zwei-Sein

~ All-Drei-Sein

eines Erdenengels

Clarissa M. Seite

*Der Weg ist das Ziel! – Konfuzius**

Sei achtsam mit jedem Atemzug deiner Gedanken und lebe & liebe dein GedankenGut voller Wert-Schätzung <

"Ich bin GLÜCKlich (t) ~ Gesund & HEIL"

"Ich bin Liebe & Licht"

"Ich bin FREUDvoll"

"Ich bin DANKbar"

Deine dich liebende Claire

"Ich bin Groß~Artig"

Ich bin ... ein göttliches Wesen aus der universellen Kraft des Lebens entstanden durch all die Liebe & Licht in mir und um mich herum!

Liebe ist Göttlich 🩶 gewollt und bedingt das Leben mit all seiner Herrlichkeit durch Licht & Liebe 🩶

"weiblich ~ männlich & männlich weiblich"

Im EINZ sein 🩶

Love & Light, schönen Palmsonntag mit Jesus, der in Jerusalem einKehrte ... Transformation im göttlichen SEIN 🩶 wird dir nun gewahr.

Deine dich liebende Claire 🩶

Sei achtsam mit jedem Atemzug deiner Gedanken und lebe & liebe dein GedankenGut voller Wert-Schätzung

♥

"Ich bin GLÜCKlich (t) ~ Gesund & HEIL"

"Ich bin Liebe & Licht"

"Ich bin FREUDvoll"

"Ich bin DANKbar"

♥

Tod & NeuBeginn in der Seele eines jeden Wesen ...

Ver-Gehen und Neu-werden

Ver-Trauen und Glauben!

Emp-Fangen und Los-Lassen

Befreiung aus alten Verstrickungen werden nun eingefordert, wenn der Sensemann nun erscheint …

Keine Angst, es geht hier nicht um den physischen Tod, im Gegenteil die alten Verhältnisse drängen an die Oberfläche und wollen erlöst - aufgelöst werden!

Im Tarot ist der Tod die Nummer 13

Gerade wie ich es las, war es 13:13 Uhr, damit kommt mir der Himmel mit seiner göttlichen Zeit … (Zeit ist relativ - Und ich weiß, dass ich nichts weiß - Albert Einstein) mit einem Wink & Gruß freundlich entgegen!!!

Die Zahl 13 durchaus eine Glückszahl, da sie eine Primzahl ist und immer durch die natürlichen Zahlen (1-9) teilbar ist.

Wunder-Bar nicht Sonderbar

Primsche Zahlen haben durchaus Ihren Reiz ... ;-))

In der Nummerologie 1 und 3 als Schaffens- und Schöpferkraft!

Im Tarot ist die EINS der Magier , der, der wirklich mit Allen Elementen kann und dadurch großartiges schafft.. und die DREI die Herrscherin, die, die Wachstum hervorbringt und mit Liebe nährt und gebärt.

1+3 -= Vier - herrschen - beherrschen und Herrscher im Sinne von Gerechtigkeit siegt - auch tatsächlich sein

13:13 Uhr .. die aufgestiegenen Meister bitten dich, deine positive Haltung zu bewahren. Gebe Ihnen Alle Ängste und Zweifel, damit diese verwandelt und geheilt werden können.

Diese Zahl 13 bezieht sich außerdem auf die heilige weibliche Energie, Die Göttin ISIS - Mutter Erde - MOM Gaya, also auf die intuitive Seite (göttliche Weisheit und Botschaften), da das *Jahr 13 Mondzyklen hat.*

*

Wie man den Tod nun tatsächlich in sich und seinem Leben erfährt, hängt vom festhalten (Bringt noch mehr Schmerz & löst eigentlich gar nichts auf, sondern verstärkt nur die Situation) des Einzelnen ab!

Jedes weitere Festhalten und festhalten wollen und anklammern an alte Bindungen und Altem Binden also Verhalten lässt das Sterben umso qualvoller erscheinen - spüren - fühlen.

Loslassen und ins nichts fallen lassen haben hier auch schon seinen Reiz, den man öffnet sich für die Leere ... das weiße

Blatt kann neu beschrieben werden - die Tafel des Lebens neu bemalt!

Und wenn man nun sich ganz dem **Ruf des Herzen** öffnet, wird das Skelett des Todes endgültig zu Staub zerfallen, denn es hat seinen Zweck erfüllt und kann sich wie nun zur Asche und zurück in die Erde ziehen!

NEUES fruchtbares kann nun NEU entstehen!

Die Seele folgt immer seinem Seelenplan ...

auch wenn es mache Male **UmWege** gehen muss.

Erzengel Michael ist ja auch derjenige welche, der die alten Schnüre-Verstrickungen-Altlasten und Abhängigkeiten mit seinem mächtigen Schwert durchtrennt.

Bitte Ihn einfach darum ... sei dir dessen ganz bewusst, er, Erzengel Michael wird dir helfend zur Seite stehen...

Mögliche Affiramtion:

Ich bin FREI

Ich bin bereit alte Verstrickungen loszulassen um NEUEN begegnen zu können.

Jetzt!

JA zu MIR - JA zum TOD - JA zum Leben

NUR MUT liebe Seele, dass Leben will glücklich gelebt werden.

Wir sind hier auf Erden um glücklich zu SEIN

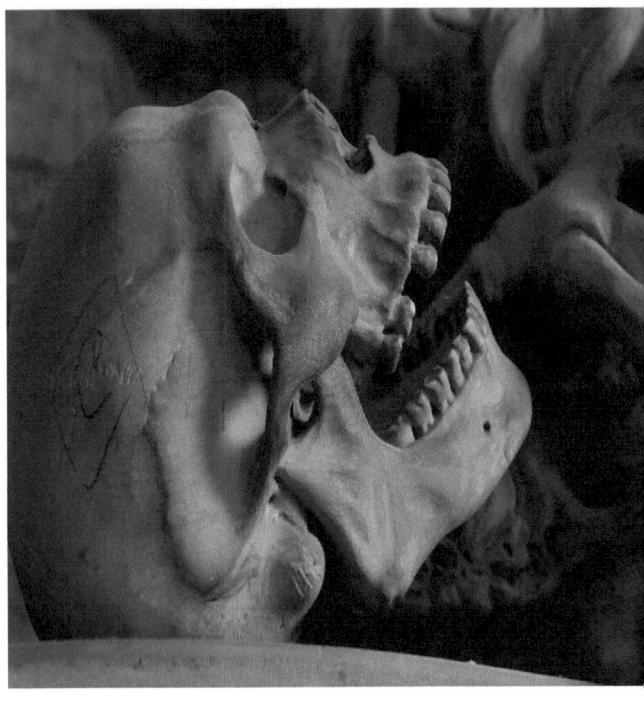

*

Ich wünsche euch einen gesegneten Tag!!

Liebe ist das höchste Gut, lass es fließen 🩶

Zeige & äußere deine Gefühle, damit man weiß was Du, empfindest ...

Damit dein Gegenüber es fühlen - spüren & sehen kann!!

Heute am 28 Tag im Rad des Schicksals

Liebe ist ...

Das ist wichtig und das wichtigste überhaupt ...

Unterm Strich, was bleibt ... sind

Liebe - Gefühle - Hoffnungen - Träume und Visionen.

Setze diese nun um als wichtigstes Gut überhaupt im menschlichen *DAsein*.

Licht & Liebe

**Der Regen zeigt es UNS heute, es darf wachsen & gedeihen, damit es gut erBlühen kann
Liebe nährt wohl & verleiht die nötige Kraft!**

Heute am 26 Tag im März dürfen wir UNS die Liebe zeigen und zum Ausdruck bringen, dass beschwingt nicht nur,

... sondern es geht auch voll in die Kraft im miteinander!

Bestätigung, der gegenseitigen Liebe wird erkannt.

26.03.2018 in der 22

22 in der 11

Heute in der Quintessenz in der 22 dürfen WIR ein WIR im MITEINANDER zelebrieren, es ist Zeit sich einzugestehen, dass ein Leben im **AllEINGANG** auf DAUER nicht er*Füllung* bedeutet.

Ein Ich ins DU und ab ins WIR in der 22 ~ 11

JA, so ist es und so darf es auch sein!

Die Engel unterstützen UNS bei diesen Vorhaben sehr wohl und stupsen das ein oder andere Gefühl noch zusätzlich an.

"Grinsen im Gesicht, wenn man an den anderen denkt, oder von Ihm träumt"

Zwei die sich lieben und Zwei, die sich das nun eingestehen ... zugestehen und zueinander stehen!!

GefühlsWallungen werden einverleibt und angenommen!!

Love & Light & Joy, deine dich liebende Claire ♥

19 ~ 22

🖤 ! "Segen für Alle im AllEINSEIN" ! 🖤

12. Buch eines Erdenengels

"Seelen~Entfaltung eines Erdenengels"

Jetzt im Handel

Buch & eBook

Bod.de / Amazon / Thalia &

1000 Buchläden / 33 Ländern

Am 28 Tag in der Essenz 24 / 6

Liebenden!

Es geht ums Miteinander in die Kraft zu gehen; Stabilität in diese Verbindung reinzubringen!

Zwei - Miteinander Vier-Stabilität Acht-Kraft und Ausgleich der Gegensätze!!

Klar ist es nicht immer gleich so fließen, da vieles noch im Argen und zur **AufLÖSUNG** gebracht werden darf, um diese wundervolle Begegnung im Mit-einander zur Verschmelzung zu bringen.

Bringe **"Geben & Nehmen"** nun in den **EINklang** 🖤

Liebe ist die höchste Kraft und wenn es Liebe ist, warum noch Fragen stellen 💜

Im Miteinander werden Berge, ja sogar ganze Gebirge versetzt und der Fluss fließt in die Leichtigkeit ...

Ver-Traue und Glaube an Dich und deinen LieblingsMenschen!!

ICH LIEBE DICH 💜

Jeder hat sein Päckchen zu tragen, dass ist doch ganz klar aber Gemeinsam lässt es sich leichter er-Tragen und auch auf-lösen.

Gespräche und klare Gesten sind jetzt das Mittel der Wahl!!

101

Setzte eindeutige Signale -
JETZT!!

UND, es ist nie zu spät ... auch
wenn es langsame - kleine
Schritte, aber in die richtige
Richtung sind.

DAS IST GUT 🖤

Love & Light

ICH DANKE DIR FÜR ALLES GELIEBTE SEELE 🖤

Deine dich liebende Claire 🖤

Abendbotschaft am 27 Tag ... im März, der Monat des Wachstums & vollem Gedeihen ...

Alles dreht sich ums Herz ... Puls ... Wandel ... erNeuerung

Lass nun das Licht um dein Herz wie eine wundervolle Aura er-scheinen und bringe deine Gefühle im wahrsten Sinne ans Licht heute in der 23 🩶

Im Miteinander findet nun Wachstum im tiefsten Herzen statt und bringt das Gefühl für einander zum erblühen!!

Euch einen wundervollen Abend in diesem HerzensMoment 🩶

"Das Herz hüpft vor lauter Freude"

Abschluss &
Neubeginn
Es werde
Licht♥
Liebe siegt &
überdauert
Alles
11 ~ 22

Alles ist vergänglich außer der Liebe selbst!!

29.03.2018

Heute darf sich nicht nur im Herzen, sondern in der Seele der 29 verbunden werden, damit die 11 voll zum **Ausdruck kommt!!**

11 in der Meisterschaft im März voller Wachstum ~ voller EntFaltung

11 eben im VenusJahr 2018 / 11

1+1 = Einz Werdung in der Liebe ~ Verschmelzung

Wenn es Liebe ist, wozu noch Fragen stellen ?

Wenn die Seele liebt, gibt es kein zurück mehr !

Wenn DU & ICH im UNS verbinden, dann ist es zum höchstem göttlichen Wohl auf Erden, denn Liebe möchte gelebt werden 🖤

WIR als UNS als EINZ

2+9+3+2+0+1+8 = 15

Altes löst sich völlig auf; Neues entsteht = Liebe verbindet 🖤

So hab einen schönen Tag voller Licht & Liebe & Freude!!

Deine dich liebende Claire

In liebevoller Verbundenheit; aus tiefstem Herzen ~ aus tiefster Seele 🖤

DANKbarkeit in der SeelenBegegnung pur

19 ~ 22

Deine dich liebende Claire

Wünsch dir aus dem Herzen; die universelle Kraft wird dich mit seinem *FüllHorn* überschütten!

Deine Wünsche & Träume werden durch Aktion wahr!

Klare Visionen führen zum Erfolg!!

"Go for it"

Dein Wille & Dein Mut werden sich bei dir in deinem Selbst-Wert bedanken und dich da schon einmal reich beschenken, denn du traust dir voll & ganz in deinen Worten & Taten!!!

Einen wunder-vollen O~STERN Montag voller Wunder 🖤

Deine dich liebende Claire 🖤

Guten Morgen am Ostermontag
den zweiten Tag im April

denn er weiß nicht was er will!?

Weißt DU, was DU willst ...

**Was ist dein innigster &
größter Wunsch im Herzen!**

Rein im Gefühl ... ?

Heute in der 17 dürfen Wir auch
ganz besonders unseren STERN
bewusst folgen!

ICH BIN ..

ICH ... wünsche mir von ganzen
Herzen ein klärendes Gespräch
mit meinem LieblingsMenschen!!

Damit ich es auch in Worten
hören kann, was er für mich
empfindet & fühlt ...

109

Ein ganz einfacher Wunsch, der sich einfach realisieren lässt wenn .... er es zulässt, den Mut & Willen hat ... in die Authentizität geht.

"MaskenFall"

UND DU ?

Was wünscht DU dir von ganzem Herzen! ..
Was wünscht sich deine Seele ?

Nur Mut 🖤

Du gewinnst immer an deinen Selbst-Wert dazu und natürlich auch an Erkenntnis!!

Einen wundervollen Tag am
"O~STERN" - Montag, den 02.04.2018

Nun, folge deinem STERN und GEWINNE

🖤

In der ZWEI im MITeinAnder sein!!

Love & Light & Joy 🖤

Deine dich liebende Claire

🖤

SinusWelle -fünfte Herzkammer

Bedingungslos Liebe 🩶

*

*Bilderquellen Pixapay.com

112

111

ALLES ist gut (angelegt) in meiner Welt – Löst sich wohl auf.

222

Zusammen im Einz Sein ist das höchste Gut in der liebevollen Verbundenheit

333

DREIFALTIGKEIT leben heißt, sich dem Vater – Mutter – Kind in sich Bewusst zu sein und diese Essenzen zu vereinen, dann bist DU EINZ

444

Stabilität beginnt in DIR als Basis für weiteres Wachstum

555

*Ich gehe mit mir in die HOCH-
ZEIT durch die SchöpferKraft in
mir, die durch mich voll zur
EntFaltung ALLZEIT kommen
darf*

666

JA,

*Ich liebe mICH & ich liebe
dICH in der bedingungslosen
Liebe – fünfte HerzKammer in
der SinusLinie meines Herzen!*

777

*Ich bin bereit, mich auf den Weg
zu mir selbst einzulassen, nur so
kann ich in meine TATKRAFT
voll und ganz gehen*

888

*Ich bin immer und zu jeder Zeit
mit dem göttlichen – universellen
als SternenKind verbunden und
schöpfe aus der Unendlichkeit!*

999

*Im inneren meines Seins finde
ich das LICHT & LIEBE im
verTrauen des Wissens meiner
SEELE!!*

100

*Das Universum dreht sich wohl
um mich & Ich mich um das
Universum – Ich bin die WELT,
die ich sehen möchte &
wünsche!!!*

111

ALLES ist MÖGLICH & ALLES ist GUT so wie es IST!!!

222

Das Beste ALLZEIT für ALLE BETEILIGTEN

GUTE LÖSUNGEN WERDEN IM MITeinANDER auch und gerade auch energetisch gefunden.

Denn WIR sind hochsensible WESEN – KINDER des GÖTTLICHEM UNIVERSELLEN

LICHT & LIEBE

ALLZEIT DIR ge-liebte Seele♥ Kraft & Liebe♥ 11 1 1 ~ 22 2 2

NeuBeginn im AbSchluss!!

11 Meisterschaft / MeisterZahl

22 ZusammenSein

33 Wachstum der Seelen

44 Weltstabilität anstreben

55 HochPhasen nutzen

66 Verschmelzung im SeelenVerbund

77 SprungKraft nach Vorne wagen

88 Universelle Kraft ist dir sicher

*99 Innen wie Außen voller
LeuchtKraft*

111 222 333 444 555 666 777 888 999

118

FSC
www.fsc.org

MIX

Papier aus ver-
antwortungsvollen
Quellen
Paper from
responsible sources

FSC® C105338

Herstellung und Verlag:
BoD - Books on Demand, Norderstedt
ISBN 978-3-7528-1612-9

120